LES BELLES PAGES DE LA SAGESSE TOME II

Dr. Raha Mugisho

Dr. RAHA MUGISHO
csolidarity@yahoo.fr
www.christintsolidarity.org

D'autres ouvrages du Dr. RAHA MUGISHO publiés aux Etats-Unis D'Amériques : « LA
VERITE TRIOMPHERA ».
« THE POWER INSIDE YOU »
« THE BLESSING OF FORGIVENESS »

Imprimé à United States of America.

ISBN: 978-1-4269-7959-0 (sc)
ISBN: 978-1-4269-7960-6 (e)

Trafford rev. 07/27/2011

www.trafford.com

Amérique du Nord & international
sans frais: 1 888 232 4444 (États-Unis et Canada)
téléphone: 250 383 6864 ♦ télécopieur: 812 355 4082

TABLE DES MATIERES

DEDICACE

Je dédie cet ouvrage à mes bienaimés, CHARLES RUK MUGISHO, AMULI ZOE, MUGISHO KITUMAINI, ZOLA SIMON, AMBA USHINDI, MUSHAGALUSA EMMANUEL MPARARA, ALAIN ET ALUWA MBAYO, WILLY TOTORO, DENIS MUKWEGE, YVETTE CHOYA, JACQUES KILUWE, LAURETTE KOMPANY,EUREKA MWENDANGA, SILVER AMBA,MARIE ET ALPHONSE PENESULA,RIGOBERT MBIYA VANGA, ERICK ET YVETTE VALU,WEMBO REMY, FURAHA ET SEMBE ISRAEL, BODO PAMBU, RUNIGA JEAN MARIE,ALAIN BADIANYAMA, AMBA BENEDI, SARAH MUGISHO, FERUZI FURAHA JOSHUA, ANTHONY MULIGI,BAHATI MUFIA INJILI, SEBA MAFANIKIYO, MILINGANYO SEBA, FIBI ET OBELI MULIMBWA, EMMANUEL RUBAGUMYA, UWEZO MUDAKIKWA, UWEZO AMISI,UWEZO GILBERT,CLAUDE MASILYA, MESHACK CIBAMBO, ELIYA BASUBI, TOMBO SOSTHENE, AMISI UWEZO,ALAIN RUBUYE OMBENI, MAMAN BIMOZA ET PAPA TCHISUNGU, NZEBRA NNISHAMBA, BALOLEBWAMI EMMANUEL, BUHENDWA NABAMI PRINCESSE, DANIEL BACHILEMBA GENERAL, PEPE SUZETTE P.,NTAMBUKA MAPENDO NZINGIRE, ELIYA SAFARI, BISIMWA TOA ISHARA, MWEZE KASONGO, WINGANE MUKABAYIRA B, CHANTAL ET PEPE MUTIRI, DAVID BIGABWA, GERVAIS BALOLEBWAMI, BYAMUNGU MAGALA,

KITUNGA MODESTE, WILLIAM MUKUMIRO, KABAMBA BOSCO, BITAKUYA SEKIMONYO,ELISHA MULIRI, JEREMIE KIKUNDA, BASABOSE SERAPHIM, JOSHUA BASHIMBE, JOSHUA MWEMA SUDI,ZAHINDA JOSETTE, JEAN MAKONGA, BUKASA JOSEPH, AGEE GATERA, VITAL BABWIRIZA,KANKU MWEMELI, KIDUMU KAKO, BASHENGEZI MIRINDI, BONDO DAUDI, ELISHA KAMATE, et à tous les SERVITEURS ET MEMBRES DES EGLISES RHEMA-SEI.

Je connais combien vaut le soutien que vous m'avez apporté en traversant le désert, vous avez été avec moi partout et vous n'avez jamais négligé mes cris des soupirs. A vous tous je dis merci et vous demeurez immortels dans ma vie.

Le sage reconnait que toute sa réussite dépendait et dépendrait de Dieu. [Sagesse du Dr. RAHA MUGISHO]

La sagesse n'est pas à confondre avec la folie parce que le sage ne s'arrête pas à ce que la folie crée mais à ce que la raison produit. [Sagesse du Dr. RAHA MUGISHO]

Gardez votre culture avec zèle, c'est votre fierté et aussi votre dignité. [RAHA]

INTRODUCTION

Au fait, dans le monde des penseurs nous ne cachons pas nos impressions et nos vues. Le but de ces citations, proverbes et poésies est de vous mettre dans une situation de méditation et de réflexion. L'homme fut créé pour être dans un état de multiples fonctions. Il a le temps de parler et celui de réfléchir. Nous ne sommes pas obligés de penser comme vous(le penseur est libre d'exprimer sa version utilisant son propre style) mais nous exposons nos réalités fondamentales. Vous n'êtes pas obligé à avaler tous les écrits, mais mon objectif est que vous puissiez réfléchir et trouver d'autres solutions aux réalités de la vie. Les éléments de base du changement sont les bonnes pensées exprimées avec sincérité du cœur. Un homme avertit, dit un proverbe, en vaut deux. En cette œuvre, J'ai voulu vous présenter ma contribution avec une bonne intention. Au tome 1, j'avais jugé utile d'associer d'autres anciens penseurs, mais en ceci vous verrez la majorité de mes citations, proverbes et poésies à l'exception de quelques uns de mes connaissances. Vous allez remarquer que ce n'est pas un ouvrage doctrinal mais un travail de fond qui sélectionne mes pensées.

Au fait, ce serait une grande bêtise de rejeter les grandes œuvres qui peuvent nous faire revivre du général au particulier et de nous donner des réponses aux questions complexes de la vie.

CITATIONS, PROVERBES, ET LA POESIE

PREMIER CHAPITRE, LA SAGESSE ET LA PROFONDEUR

1. Le doute et la peur dans votre vision sont les ennemis de votre destin, pourquoi être le traître de votre propre vie? [RAHA]

2. Vanité, vanité, est la compassion de l'homme sans solution
Gloire et honneur à Dieu qui seul sa parole suffit pour apaiser. [RAHA]

3. Le bébé est la personne la plus heureuse du monde mais malheureusement il ne le connait pas. [RAHA]

4. Le bon comportement vous fera arriver là où votre argent ne le pourra jamais, tandis que le mauvais vous fera enlever de la viande sous vos dents. [RAHA]

5. L'éducation sans culture est un obstacle à l'épanouissement de l'homme. [RAHA]

6. Votre culture est une richesse inimaginable ne la rejette jamais. [RAHA]

7. Gardez votre culture avec zèle, c'est votre fierté et aussi votre dignité. [RAHA]

8. Un homme sans culture est sans position, le vent l'amène partout. [RAHA]

9. L'éducation que tu as refusée, tu la regretteras toute ta vie. [RAHA]

10. J'ai cherché la justice et la démocratie je ne les ai jamais expérimentées mais la raison du plus fort est toujours la meilleure. [RAHA]

11. L'indifférence d'un politicien lui fera manquer des voix salutaires. [RAHA]

12. A cause de beaucoup d'occupations sans priorité, tu as oublié un ange dans ta maison qui fut ton miracle. [RAHA]

13. La vie est acceptable mais le refus de la mort ne la chasse pas. [RAHA]

14. Soyez prêt chaque jour parce que nul ne connait le mystère de la vie et de la mort. [RAHA]

15. Le salaire des hypocrites c'est toujours une mauvaise fin. [RAHA]

16. Vaut mieux se taire au lieu de créer un conflit évitable. [RAHA]

17. Le plan vous montrera votre destination mais la destination ne peut remplacer le plan. [RAHA]

18. Un leader sage connait que son mandat arrivera un jour et un autre prendra la relève. [RAHA]

19. Ne désespérez pas lorsque ceux qui vous respectaient commencent à vous négliger, faites seulement avec déterminations les actes qui vous attribuaient vos mérites. [RAHA]

20. Manger c'est bon mais partager c'est meilleur. [RAHA]

21. Si vous prenez le nom de chien, sachez que tous les chiens sont vos homonymes. [RAHA]

22. Le lion est sûr de battre un homme mais la sagesse de ce dernier le détruit. [RAHA]

23. Vous m'avez trompé deux fois et vous vous êtes glorifié mais le jour de votre malheur vous avez eu honte de venir me dire la vérité. [RAHA]

24. Le roi est pour nous tous mais celui qui est déchu tous le fuient. [RAHA]

25. Une chèvre qui se fait passer pour un chien sera mangée par les chiens. [RAHA]

26. Le travail qui tue l'âme et le corps est inutile qùoiqu'il procure une abondance des biens. [RAHA]

27. Si Dieu ne m'aurais pas aidé, je serai comme une brebis sans défense. [RAHA]

28. La différence entre un million et cent mille est dans l'utilisation; c'est ici ou la sagesse montre la vraie richesse. [RAHA]

29. C'est une grande ingratitude de dire que Dieu n'existe pas Lui qui vous sauve de beaucoup d'accidents. [RAHA]

30. Reconnaitre Dieu n'est pas seulement le commencement de la sagesse mais aussi le rétablissement de votre réelle valeur. [RAHA]

31. Naitre dans une famille riche n'exclue pas la pauvreté si vous ne savez pas ce que vous pouvez y gagner. [RAHA]

32. Enseigner un insensé et orgueilleux c'est bien mais il n'en profitera pas car il ne trouvera jamais l'école de l'intelligence. [RAHA]

33. Faites attention lorsqu'un parent vous dit « mon fils ou ma fille, je veux te parler... » Ce pourrait être la dernière fois de l'écouter et le contenu pourrait être votre patrimoine. [RAHA]

34. Dans ma tristesse mes pleurs ne m'aidaient pas mais la sagesse me consoler. [RAHA]

35. Aujourd'hui se différencie d'hier par ses informations mais les lois de Dieu sont puissantes et inhérentes que celles des hommes. [RAHA]

36. Aimer et haïr ont un délai d'expiration mais l'amour de Dieu est intarissable. [RAHA]

37. Ne croyez pas que vous pouvez exterminer un peuple quand vous êtes incapable de connaitre et contrôler un parmi eux. [RAHA]

38. La terre que vous piétinez aujourd'hui aura son tour de vous avaler, c'est la vérité absolue. [RAHA]

39. Votre enfant l'est éternellement bien qu'il ne sera plus enfant. [RAHA]

40. Le doute et la honte de vos projets seront le blocage de votre vie, libérez-vous. [RAHA]

41. Gagnez un combat n'est pas gagner la guerre. [RAHA]

42. La foi dans l'avenir produit l'espérance de nos rêves. [RAHA]

43. Je suis, montre que je serai... [RAHA]

44. Ne faites pas confiance à un inconnu, observe le. [RAHA]

45. Ne croyez pas que celui qui rejette ses parents peut produire un amour consistant. [RAHA]

46. La honte dans les coopérations produit toujours des regrets. [RAHA]

47. En m'élevant à un haut niveau je vous cueillerai les fruits. [RAHA]

48. Je connais n'exclue pas la vérification. [RAHA]

49. La pire ignorance c'est d'ignorer sa valeur. [RAHA]

50. Soyez fier de votre identité que de présenter une fausse. [RAHA]

2010/08/01 13:26

51. Si vous n'avez pas encore vu votre héros, vos parents sont les premiers pour vous. [RAHA]

52. C'est une grande bêtise de sous-estimer et maltraiter les visiteurs parce que vous les rencontrerez partout. [RAHA]

53. Dieu pardonne mais les hommes condamnent. [RAHA]

54. La joie du foyer est le meilleur dans la vie. [RAHA]

55. La musique réjouis celui qui est en bonne santé mais elle dérange le malade. [RAHA]

56. Vaut mieux marcher pieds nus que de porter un numéro plus grand ou plus petit. [RAHA]

57. Refuser la vérité ne l'annule jamais. [RAHA]

58. Les insensés veulent qu'on accepte tout ce qu'ils disent mais le sage respecte les arguments des autres. [RAHA]

59. Le sage cherche toujours les solutions adéquates, le malheureux développe les problèmes. [RAHA]

60. Ne te réjouis pas du son de tambour dont tu ne connais pas sa signification, informe toi auprès de connaisseurs ce pourrait être l'alerte de la guerre. [RAHA]

61. La civilisation n'est pas ce que les gents disent mais c'est une culture que l'homme de paix et d'amour vit. [RAHA]

62. En réalité, dans la guerre tous perdent, elle est à éviter parce que souvent on se heurte à beaucoup d'imprévus non souhaitables : la violence est toujours brutale. [RAHA]

63. Ce n'est pas parce que je me tais que je suis faible, c'est cela ma force. [RAHA]

64. Ne sautez pas sur les priorités du Japonais alors que tu es Chinois, cela ne vous servira à rien. [RAHA]

65. Personne nait avec les connaissances on les collecte dans de multiples milieux sociaux, ayez le zèle de le faire chaque jour, c'est pour ta prospérité. [RAHA]

66. Si vous êtes un grand blagueur c'est votre talent, mais ne blaguez pas avec Dieu, Il n'est pas un blagueur, faites attention. [RAHA]

67. La nourriture que tu mangeais avec beaucoup de joie fut la raison de ta destruction, il faut savoir quoi manger, ne te plait pas seulement de sa douceur. [RAHA]

68. Si tu veux vivre en paix, respecte la femme et les biens d'autrui. [RAHA]

69. La monnaie que tu as aujourd'hui, je l'aurai aussi demain c'est dichotomique. [RAHA]

70. Le soleil est perçu chaque jour nouveau mais personne n'a son âge. [RAHA]

71. Tu peux être appelé bon chez les uns et être qualifié mauvais chez les autres, c'est l'esprit

du monde, l'insatisfaction, tu ne le changeras jamais. [RAHA]

72. Tuer un politicien c'est le rendre célèbre et immortel, tuer un serviteur de Dieu et un poète c'est une grande bêtise et une ingratitude. [RAHA]

73. Chercher à nuire vous créera un abîme, tandis que, chercher les biens vous sauvera du mal. [RAHA]

74. Ne présentez pas n'importe quelle connaissance comme amie si vous ne la connaissez pas profondément. [RAHA]

75. Faites attention à tous qui se présentent comme vos amis alors qu'il n'y a rien entre vous, c'est suspect. [RAHA]

76. Le temps est le juge qui n'oublie pas. [RAHA]

77. Le fanatisme à outrance est une maladie grave elle détruit la raison. [RAHA]

78. La vie ne se définit pas par rapport à votre possession ni à votre statut mais c'est Dieu qui élève et qui rabaisse. [RAHA]

79. Par orgueil vous pouvez vous en passer de Dieu et de ses principes mais le sage connait que c'est Lui qui a le dernier mot. [RAHA]

80. La souffrance la plus mauvaise vient dans les pensées et non dans les actions. [RAHA]

81. L'endroit idéal est la place où Dieu nous veut. [RAHA

82. Les pire ennemis de l'homme ne se trouvent pas à l'extérieur mais à l'intérieur. [RAHA]

83. Les mauvaises décisions ne font que nous amener dans de mauvaises finalités. [RAHA]

84. Personnellement, je me condamne quand je condamne, parce que moi-même je trouve que sans la justice de Dieu ma vie serait un désastre [RAHA]

85. Comme la naissance est normale, la mort aussi en est parce qu'elles marchent ensemble. [RAHA]

86. Avec ou sans les attaques, le diable est toujours mauvais, combats- le pour ton avenir, c'est une malédiction de s'appuyer sur ses principes. [RAHA]

87. La peur de la mort ne fera que la torture, l'homme sage se prépare à mourir un jour. [RAHA]

88. Ne laissez pas votre père aller dans le monde de silence sans lui poser toutes les questions qui te concernent, personne d'autre ne le fera comme lui. [RAHA]

89. C'est une grande bêtise de tuer un être humain, c'est un grand échec, si tu pourras avoir le pouvoir de le corriger tu seras appelé sage. [RAHA]

90. Ne prive pas à ton prochain une autre occasion parce qu'il a échoué une fois. [RAHA]

91. C'est un grand fiasco lors de ton vivant si ta famille ne veut pas comprendre tes visions. [RAHA]

92. Même les grands de ce monde pleurent quand ils sont isolés. [RAHA]

93. La négligence fait que l'on regrette toujours mais la précaution fait qu'on a un bon témoignage. [RAHA]

94. Le temps perdu ne se rachète jamais, c'est la raison de l'utiliser sagement. [RAHA]

95. Dieu a fait tout le monde riche dans la distribution du temps mais les autres en abusent. [RAHA]

96. Ce que le voleur ne peut voler c'est l'esprit. [RAHA]

97. La qualification divine n'exclue pas la disqualification des hommes. [RAHA]

98. Grandir ou Etre dans un même environnement social ne donnent pas les mêmes faveurs. [RAHA]

99. Les douleurs de la naissance se transforment en joie quelques heures après la délivrance. [RAHA]

100. Choisis les mots convenables quand tu parles avec un homme influent et puissant. [RAHA]

101. Le philosophe revient toujours aux paroles dites comme une vache qui rumine. [RAHA]

102. Je m'enfous n'exclue jamais les conséquences. [RAHA]

103. La cause de la destruction de Samson fut la petite négligence. [RAHA]

104. L'accès aux racines suppose beaucoup de patiences. [RAHA]

105. Le héros n'a pas peur de mourir mais de trahir. [RAHA]

106. Atteindre ses objectifs ainsi que les rêves de la vie est une réussite idéale, et non ce que les autres pensent. [RAHA]

107. En voyageant, les réalités ignorées sont découvertes. [RAHA]

108. L'amour se cache dans le cœur, il est un concept complexe. [RAHA]

109. La haine n'est rien qu'une punition à l'auteur. [RAHA]

110. C'est une grosse bêtise de s'offrir à des personnes hypocrites. [RAHA]

111. Avant de me connaitre tu feras mieux de te découvrir en premier lieu. [RAHA]

112. Nous sommes différents, c'est une vérité. [RAHA]

113. Ne néglige pas le mendiant, tu ne connais pas son avenir. [RAHA]

114. Etre rejeté est une occasion pour se retrouver. [RAHA]

115. Un parent disait à son enfant, si tu connaissais réellement mes pensées tu m'aimerais beaucoup. [RAHA]

116. Malgré que je fasse la publicité du ciel, peu sont les gens qui sont prêts d'y aller. [RAHA]

117. Les dettes de prestiges ne créent que ta tombe. [RAHA]

118. Dépense sagement et ne vide pas tes poches pour montrer ta grandeur. [RAHA]

119. Ne vous en faites pas, on vous cherchera quand ils verront leurs intérêts. [RAHA]

120. L'étranger est toujours sujet de suspicion ne vous fâchez pas, c'est une réalité. [RAHA]

121. Ne peut jamais être un vrai ami celui qui méprise votre père. [RAHA]

122. La jeunesse est une saison et la vieillesse est une autre mais toutes les deux arrivent aux vivants. [RAHA]

123. L'enseignant doit produire tout ce qu'il a pour former parce que c'est lui qui donne la connaissance aux rois et aux leaders. [RAHA]

124. Rejeter les pensées des sages ne fait que montrer et entretenir l'ignorance mais y réfléchir vous donnera une méditation nécessaire. [RAHA]

125. Refuser un bon argument sans y apporter un autre est sadique et perte de temps. [RAHA]

126. Avant les combats, tous ont les chances égales mais une petite erreur vous fera perdre le nom et le prix, la préparation de grande taille est toujours nécessaire. [RAHA]

127. Ma colère me fait toujours des maux de tête mais ma patience me crée la paix du cœur. [RAHA]

128. Le travail bien fait est le fruit de ta sagesse et le fruit de la sagesse est une grâce divine; alors n'oublie pas d'associer Dieu dans le partage. [RAHA]

129. Je suis signifie que j'étais et je serai. [RAHA]

130. J'étais, signifie que je ne suis plus, alors c'est l'utopie. [RAHA]

131. L'intelligent sait qu'il peut oublier mais l'ignorant l'ignore. [RAHA]

132. La différence est due à la connaissance, en l'appliquant je montrerai ma différence et en la pratiquant, apparaîtront soit ma grandeur ou ma folie. [RAHA]

133. Si vous connaissiez ma vision vous ne me condamnerez pas, la bonne nouvelle est qu'en arrivant au destin, vous me comprendrez. [RAHA]

134. J'ai raison d'aimer, J'ai raison de refuser mais je n'ai pas raison de me suicider. [RAHA]

135. Mentir la nuit n'empêchera pas la vérité le jour. [RAHA]

136. Dominer, c'est pour un temps, régner c'est pour une saison mais vivre c'est une autre chose. [RAHA]

137. N'arrête pas la course avant le dernier sifflet de l'encadreur. [RAHA]

138. Ceux qui regardent très loin ont déjà dépassé la bassesse mais ceux qui regardent à courte distance sont dans le monde de bassesse. [RAHA]

139. Il est sage de s'éloigner d'un homme qui agit comme un animal. [RAHA]

140. Ne blague pas avec un homme qui a le pouvoir de t'écraser, mais humilie toi devant lui avant qu'il ne soit trop tard. [RAHA]

141. Le sage connait bien le langage des vantards et le désapprouve. [RAHA]

142. Je souffre ce n'est pas nécessaire mais souffrir pourquoi. [RAHA]

143. Si Dieu était un homme alors l'homme serait détruit. [RAHA]

144. Ceux qui ont compris le sage s'unissent pour promouvoir les leur mais les ignorants favorisent l'étranger, c'est une vanité. [RAHA]

145. Si Dieu te fait traverser le désert personne ne te comprendra mais tu dois toi-même persévérer parce que c'est pour ton intérêt. [RAHA]

146. N'abandonnez pas votre vision parce que vos adversaires vous découragent, Ils savent ce qu'ils font, méfiez-vous. [RAHA]

147. L'homme ce n'est pas le corps, c'est l'esprit. [RAHA]

147. La gloire de l'homme est géographique. [Ushindi Amba] Les enfants sont à votre responsabilité sous votre toit mais quand ils sont chez eux ils deviennent autres personnalités. [SADIKI ZACHARIE]

147. Si vous cherchez une chose qui est en dessous de votre lit, agenouillez-vous. [Copie de REMY OLEMBO]

147. L'ignorance et l'oubli sont dans la même famille. [REMY OLEMBO]

147. Dire à l'examen que j'ai oublié ne change rien il faut à tout prix donner la réponse. [REMY OLEMBO]

147. La pierre jetée dans votre champ vous servira pour construire. [PASTEUR DE GUADELOUPE]

148. Mon fils; « dans le chemin de la prospérité n'oublie jamais les quatre personnes, l'homme de Dieu, L'avocat, Le médecin et l'économiste; ici vous vivrez l'efficacité dans les affaires. [REMY ET RAHA]

148. L'homme a le vouloir mais Dieu a le pouvoir. [ALAIN MBAYO]

148. Les chiens ne respectent pas un homme qui portent une bonne tenue mais celui qui porte un os. [Copie de PENESULA]

148. Donne mille chances à tes ennemis de devenir tes amis mais ne donne aucune chance à tes amis de devenir tes ennemis. [Copie de Kagufa Justine]

148. Le succès sans successeur est une bêtise. [Idée de Billy Lubanza]

148. Pour obtenir quelque chose que vous n'avez jamais eu, vous avez à faire quelque chose que vous n'avez jamais fait. [Copie d'Angel Kayakez]

148. « La volonté de Dieu ne vous amènera pas là où sa grâce ne vous protégera pas » [copie d'Angel Kayakez]

148. « Froisser un billet de cent euros et cracher au dessus ne perdra jamais sa valeur, ainsi est l'homme élevé par Dieu ; le sabotage et les critiques ne lui ôteront jamais sa valeur. » [NICOLE MALONGA]

149. C'est une folie de montrer sa fureur devant le roi, vous la regretterez. [RAHA]

150. Fais vite ton testament quand tes forces commencent à t'abandonner, ne donne pas l'occasion au méchant de régner. [RAHA]

151. Toutes les œuvres que vous faites, ne les faites pas à moitié, c'est une bêtise et du gaspillage. [RAHA]

152. Beaucoup d'innocents croupissent dans les prisons et leurs cris ne signifient rien à leurs tyrans, mais Dieu les vengera, n'abuse pas de ton pouvoir. [RAHA]

153. Si tu veux commencer une œuvre vers le haut, tes jambes seront fracturées. [RAHA]

154. Sois réaliste pout tout qui concerne l'argent sinon personne n'aura pitié de toi. [RAHA]

155. Faites attention au vent qui détruit tes voisins parce qu' il arrivera à ton tour, cherche la solution avant qu'il ne soit trop tard. [RAHA]

156. Ne pense pas que tu es meilleur aux autres, le temps te le prouvera un jour. [RAHA]

157. Le temps favorable est ta fierté mais sache que le temps défavorable existe aussi. [RAHA]

158. Souvent les gents confondent la faveur et le mérite. [RAHA]

159. Je ne suis pas fainéant mais mes adversaires le souhaitent. [RAHA]

160. Chantez, dansez, courez, mais après de longues années ce sera les autres que tu admireras. [RAHA]

161. Est poli à cause des intérêts ne tarde pas à être découvert, soyez sage. [RAHA]

162. Tes bénédictions de base, c'est reconnaitre tes parents et les aider dans tous les besoins, alors vous êtes bénis. [RAHA]

163. Tes problèmes signifient beaucoup pour toi mais pas à ton voisin. [RAHA]

164. La haine et la colère ne te construiront jamais une maison mais elles creuseront ta tombe. [RAHA]

165. L'homme qui a acquis ma sagesse, est fier de prononcer mon nom mais le plus sage doit croire au nom de la sagesse suprême. [RAHA]

166. Mes enseignements ne valent rien si je ne les pratique pas, c'est comme un vent qui passe et ne revient plus. [RAHA]

167. Personne n'a le droit d'interdire à l'autre d'entrer au ciel mais c'est l'homme lui-même qui choisit les comportements et le prix à payer pour y entrer. [RAHA]

168. « L'artiste demeure, le penseur inspire tandis que la terre tourne ». [RAHA]

169. Malgré tout qui t'arrive ne néglige jamais de construire trois maisons dans ta vie, celle de Dieu, de la Sagesse et de l'Amour, ce serait ta réussite et ta couronne. [RAHA]

170. Un conjoint qui accuse faussement son partenaire, le tribunal le suivra partout. [RAHA]

171. Quand j'étais faible, le monde m'appelait fort et lorsque je fus très fort il me prit pour un vaurien, c'est Dieu qui connait l'homme. [RAHA]

172. Toutes les personnes qui prêchent le mal aux justes, ils le récoltent. [RAHA]

173. Ce ne sont que des idiots qui s'occupent des affaires qui ne les concernent pas. [RAHA]

174. Tu ne peux pas tuer ce que Dieu veut vivant. [RAHA]

175. On est héros non pas par la naissance mais par la foi dans ses convictions. [RAHA]

176. Ne pensez pas que parler beaucoup c'est l'intelligence, on frôle la folie. [RAHA]

177. Écouter beaucoup te donnera juste à communiquer. [RAHA]

178. D'autres personnes sont folles par la diarrhée des paroles et les naïfs croient que ce sont les bons leaders. [RAHA]

179. *L'information amène la formation, la formation amène la connaissance, la connaissance amène la vérité et la vérité amène la liberté. [Sagesse du Dr. RAHA MUGISHO]*

180. Demeure dans ta vision, même si tes amis ne t'encouragent pas, tu ne peux pas les obliger à te comprendre, ta réussite seule le fera. [RAHA]

181. Ne négligez pas vos émotions, de fois elles sont salutaires. [RAHA]

182. En répétant les sottises d'un insensé, on devient plus sot. [RAHA]

183. L'artiste qui néglige un autre n'est qu'un apprenti. [RAHA]

184. **Tout ce que vous faites, faites le correctement parce que la raison parlera un jour. [Sagesse du Dr. RAHA MUGISHO]**

185. **La tolérance est un dépôt qui sécurise. [RAHA]**

186. **Donnez moi ma sécurité je suivrai tes instructions. [RAHA]**

187. **La politique, l'intelligence, l'expérience et les talents ne se trouvent pas dans le verbe mais et uniquement dans l'action.**

188. **Montrez moi ce que vous avez déjà réalisé dans votre vie même une petite œuvre positive je connaitrai votre valeur. Sagesse du Dr. RAHA**

189. **Si vous avez échoué pendant dix ans, n'espérez pas que vous réussirez après avoir perdu la force et la mémoire. Tout que ceux-ci feront ne sera que la routine ; méfiez-vous. Sagesse du Dr. RAHA**

190. *L'homme est le premier élément du développement et il est impératif de le connaitre avant de lui donner la responsabilité. Sagesse du Dr. RAHA*

191. L'homme que vous regardez n'est pas le vrai homme mais il est celui que vous ne voyez pas. Si vous pouvez connaitre sa partie cachée vous l'identifierez. Sagesse du Dr. RAHA

192. Lhomme est esprit et il faut le découvrir par ses comportements, ses émotions, ses pensées et ses paroles. Sagesse du Dr. RAHA MUGISHO

193. Au lieu de chercher à s'enrichir seul il est sage d'ouvrir la porte à d'autres de devenir riches ; c'est ainsi que vous aurez à fructifier vos revenus dans chaque minute. [RAHA]

194. La gloire, le succès, vécus dans n'importe quelle circonstance seraient profitables si ils peuvent être partagés avec les personnes qui vivent avec vous, sinon ce serait comme une vapeur qui disparait. Sagesse du Dr. RAHA

195. Les hommes se donnent de la valeur selon leurs intérêts et avantages mais la vraie valeur réside dans l'individu, et sa manifestation se fait

par des talents qui parleront à haute voix au temps favorable. Sagesse du Dr. RAHA

196. Faites attention aux invitations parce que toutes ne sont pas pour votre édification mais pour votre malheur. Sagesse du Dr. RAHA

197. La richesse dans laquelle tu ne peux pas te réjouir est aussi une malédiction ; pourquoi les autres en bénéficient et vous, elle vous passe sur le nez ? La vraie richesse est celle qui porte la bénédiction divine. Sagesse du Dr. RAHA

198. Aimer n'est pas réel s'il n'est pas accompagné des œuvres visibles et continuels. Sagesse du Dr. RAHA

199. Est mon ami c'est vague mais je le porte à cœur dit beaucoup. Sagesse du Dr. RAHA

200. Beaucoup de gens négligent les métiers des autres mais la pire de choses c'est de le négliger soi-même. [RAHA]

201. La persévérance et l'endurance dans la vision démontreront la vraie puissance et valeur de ce que vous faites. Sagesse du Dr. RAHA

202. Les pauvres existent mais la plus mauvaise chose c'est un riche qui vit la pauvreté et le pauvre qui vit la richesse. Ce sont des tourments inutiles. Sagesse du Dr. RAHA

203. Tu as refusé de me reconnaitre, mais tu me verras un jour sur la lune, et tu seras le premier à me donner un meilleur nom mais ce serait regrettable pour toi.[Sagesse du Dr. RAHA]

204. La vie est trop courte presse toi de faire les biens aux personnes qui te sont précieuses. [Sagesse du Dr. RAHA]

205. La distinction de l'homme sage n'exclue pas de se permettre quelques folies de ce monde; alors, le sage est celui qui est couvert de la connaissance divine. [RAHA]

206. Pourquoi accepter de souffrir quand nous avons l'option de refuser; beaucoup de pensées nous font souffrir. [RAHA]

207. Mes écrits me rendent immortel parce que toute génération en commentera [RAHA]

209. Avoir et Manquer sont deux vocables qui nous arriveront tous. [RAHA]

210. L'enfant qui ne croit pas à la sagesse de ses parents, est considéré comme un fou parce qu'il vit par leur sagesse. [RAHA]

211. Prenez le temps d'écouter soigneusement avant de répondre sinon vous serez l'auteur de votre malheur. [RAHA]

212. Ne répondez pas quand vous n'avez pas de réponse, ceci ne vous coûterait rien de dire « pardon je ne sais pas ». [RAHA]

213. De fois le silence épargne beaucoup de dangers, c'est aussi de la sagesse. [RAHA]

214. Admirer les couleurs du caméléon mais ne le soyez pas. [RAHA]

215. Un peuple visitait par Dieu doit savoir comment l'accueillir sinon il sera détruit. [RAHA]

216. Si votre frère vous dit que vous l'avez offensé, la première chose serait de demander pardon. [RAHA]

217. Voisin, pourquoi vous vous occupez de ma vie alors que vous avez la vôtre? [RAHA]

218. Soyez sage et ne prétendez pas avoir raison lorsque vous ennuyez les autres. [RAHA]

219. Mon ami mariez vous, vous ne gagnerez rien dans la prostitution si ce n'est que la honte, la misère et le ridicule. [RAHA]

220. La mort n'a pas peur de grande maisons ou de grands noms, vivez comme celui qui mourra un jour. [RAHA]

221. Ne prenez pas quelqu'un comme votre esclave parce qu'il vous respecte. [RAHA]

222. Tout est roi dans son fief mais le vrai roi est connu par tous. [RAHA]

223. Vous pouvez penser que je ne souffre pas mais je les repousse pour me reposer. [RAHA]

224. Je préférais la mort au lieu de la vie mais pour l'amour des autres j'ai trouvé l'importance de ma vie. [RAHA]

225. Les farceurs passent facilement pour les VIP tandis que les hommes droits sont répugnés, prendre le temps de connaître quelqu'un serait une bonne solution. [RAHA]

226. Découvrez une personne c'est sage, que suivre les commentaires des hypocrites. [RAHA]

227. Quoique vous voliez très haut vous finiriez par descendre. [RAHA]

228. Il avait peur des serpents mais cela n'a pas empêché d'en être mordu. [RAHA]

229. La maladie qui a tué le pauvre a tué aussi le riche. [RAHA]

230. Tête haute parce qu'il n'a pas encore rencontré le lion. [RAHA]

231. Tu me regardais avec dédain mais lors de ma présentation tu as changé ta face. [RAHA]

232. Ne critique pas cette phrase toi qui ne connait pas sa raison d'être. [RAHA]

233. De fois je passe à l'euphorie quand je reçois l'inspiration des proverbes et poésies, c'est une joie et un réconfort intime. [RAHA]

234. Ne vous découragez pas de ce Lundi, Dieu vous donnera un autre de victoire. [RAHA]

235. Avoir l'argent c'est bon mais ne pas l'utiliser il devient sans valeur. [RAHA]

236. Je suis né pour bénir mais de fois mes bénédictions sont repoussées. [RAHA]

237. Les proverbes mal interprétés deviennent un mauvais sujet de discussion. [RAHA]

238. Les soucis du singe ne lui donneront jamais la queue. [RAHA]

239. Frapper un témoin gênant ne fait qu'aggraver l'infraction. [RAHA]

240. Etre homme sans responsabilité c'est un déraillement. [RAHA]

241. En tout cas Dieu nous cache de bonnes choses non pour nous faire souffrir mais parce qu'il est un bon maître. [RAHA]

242. Etant lumière, une seconde suffit pour chasser les ténèbres. [RAHA]

243. L'enfant qui chasse son Père dans sa maison sera chassé de son tour par la nature. [RAHA]

244. Ne précipitez pas les aiguilles de la pendule, l'heure attendue arrivera sûrement. [RAHA]

245. L'ami du roi qui se promène avec les sorciers est très suspect. [RAHA]

246. Je n'ai pas à réfléchir deux fois, la maison du voleur est souvent fréquentée par les voleurs. [RAHA]

247. Le pain que vous m'avez privé dans la misère je n'en ai pas besoin dans l'abondance. [RAHA]

248. Si mon chef m'aime seulement à cause de la taxe donc il ne m'aime pas. [RAHA]

249. Washington DC est la capitale des États-Unis, même si il n'est pas grand. [RAHA]

250. Comment pouvez-vous prétendre édifier celui qui a parfaitement réussi et vous, vous êtes à la croisière des chemins. [RAHA]

251. Le succès de tout projet dépend du sérieux y affecté. [RAHA]

252. Parler les paroles insensées contre Dieu au deuil ne fait que souiller le cœur, et faire pleurer les faibles mais tu seras en jugement parce que tu l'as offensé. [RAHA]

253. L'article excessivement moins cher est souvent très suspect, prends tout ton temps à le vérifier soigneusement. [RAHA]

254. Faites tout pour garder les bonnes relations avec les voisins, ils peuvent vous sauver ou vous détruire. [RAHA]

255. Si vous avez la capacité d'être rassasié pendant trois cent soixante jours, sacrifiez une semaine pour nourrir les affameux qui sont dans votre quartier. [RAHA]

256. Détrompez-vous, chaque succès a un délai d'expiration, préparez-vous à tenir ferme dans ces moments et ne méprisez jamais les autres. [RAHA]

257. Ne faites jamais du mal à celui qui vous a fait des biens, c'est une malédiction que vous coûtera très cher. [RAHA]

258. Personne n'a envie d'écouter ce que tu dépenses par jour ou la magnificence de votre demeure, soyez simple et courtois pour vivre bien dans toute société. [RAHA]

259. L'homme que vous négligez aujourd'hui, il pourra devenir l'assassin à qui vous demanderez sa grâce pour vivre et il ne vous la donnera pas, le monde tourne. [RAHA]

260. La souffrance d'un parent est terrible si ses propres enfants ne peuvent pas lui donner du pain au temps opportun; c'est une haute trahison. [RAHA]

261. Ma mère me disait toujours; « Si tu aimes le corbeau il faut aimer aussi ses pieds ». [RAHA]

262. Je pensais que tous les corbeaux avaient deux couleurs, mais en voyageant, j'ai vu que les autres avaient seulement une, et ils ont le même nom. [RAHA]

263. Ne jetez pas des pierres sur un oiseau que vous ne connaissez pas. [RAHA]

264. Tolérance zéro c'est bon pour le voisin. [RAHA]

265. La connaissance que vous avez est la découverte d'une autre personne. [RAHA]

266. Si il a maltraité ses parents, il le fera aussi pour vous. [RAHA]

267. Le grand message de Dieu est l'amour mais l'homme l'a limité pour ses intérêts. [RAHA]

268. Si aujourd'hui, je pouvais voir mon père, je lui dirais qu'il est brave. [RAHA]

269. Donne tout ce que tu peux à ta mère parce qu'elle elle détenait ta vie et ton destin. [RAHA]

270. Ne vous moquez pas de cette victime des erreurs, demain ce pourrait être vous. [RAHA]

271. Dans Hadès nul n'est supérieur à l'autre. [RAHA]

272. Personne ne peut t'aider à supporter les douleurs causées par la maladie sauf le Roi des rois et le Seigneur des seigneurs. [RAHA]

273. Ne vous découragez pas si Dieu vous fait passer dans le désert, vous y sortirez avec de grands témoignages. [RAHA]

274. Ce n'est pas parce qu'un grand homme a donné du respect au singe qu'il deviendra un homme. [RAHA]

275. Si vous refusez à croire en Dieu en qui d'autre vous croirez? [RAHA]

276. Donne moi à manger je te raconterai des histoires que tu ne connais pas. [RAHA]

277. Une hutte remplie de bonnes actions est meilleure qu'une villa avec des querelles et mépris. [RAHA]

278. Vaut mieux être uni qu'être ensemble. [RAHA]

279. Si vous ne protégez pas votre tête vous perdrez votre cœur. [RAHA]

280. Les tombeaux que vous voyez renferment les anciens malins et capables, ce monde ne nous appartient pas. [RAHA]

281. Homme de Dieu sache que si le ridicule tuait tu serais le premier, tu me refuses un petit service et tu cries toute la nuit à Dieu pour un grand service. [RAHA]

282. Ne te vante pas d'avoir tué parce que tu portes la responsabilité du sang dans toute ta vie. [RAHA]

283. Vérifie toujours tes pensées au lieu de les confirmer sinon tu auras des conflits partout. [RAHA]

284. Un homme dirigé par les rêves ne sera jamais réaliste. [RAHA]

285. Donner de l'affection est souhaitable à tous et le contraire est toujours un désastre. [RAHA]

286. Répondre vite dans la colère signera votre condamnation à mort. [RAHA]

287. Les haricots qui sont cuits pendant une heure n'ont plus le même statut à ceux qui sont restés dans le panier. [RAHA]

288. Le péché du voisin est une grande bêtise mais le sien passe inaperçu. [RAHA]

289. Ma vision serait ma force en y croyant fermement. [RAHA]

290. Etre intelligent c'est savoir remercier tous ceux qui t'ont fait du bien et ceux qui t'ont fait du mal, parce que sans eux vous ne serez pas ce que vous êtes aujourd'hui. [RAHA]

291. Ne mangez pas beaucoup dans une maison qui n'a pas de toilettes. [RAHA]

292. Vous éviterez des peines inutiles en oubliant les faux amis [RAHA]

293. Éloignez-vous d'un adepte qui accuse et maudit son père spirituel, il est très dangereux comme un enfant qui découvre la nudité de ses parents.

294. La vie sans sacrifice est comme un gagnant sans combat. [RAHA]

295. Vous ne pouvez pas changer le monde mais par un bon plan vous atteindrez les objectifs de votre vie. [RAHA]

296. Insensé, en quoi te sert de publier les péchés des autres, ceci montre que tu es importun; qui te paiera pour ce lourd travail? [RAHA]

297. Mourir, je mourrai un jour mais la deuxième vie sera ma joie et ma consolation. [RAHA]

298. Nous ne voyons pas les mêmes images, pourtant nous regardons sur un même point. [RAHA]

299. Vous n'avez pas raison de priver les autres cette raison. [RAHA]

300. L'insensé mange seul, il ne sait pas ce que lui réserve l'avenir. [RAHA]

301. Celui qui était avant toi entendait aussi des éloges, mais quant les intérêts furent finis, l'amour aussi disparut. [RAHA]

302. Se procurer de la sagesse c'est vraiment s'aimer et se le priver c'est anticiper son malheur, sois sage et écoute les conseils des ainés. [RAHA]

303. Une relation qui te rend esclave d'un homme est pire que la morgue, libère toi vite et n'y retourne plus. [RAHA]

304. Tu ne réussiras jamais si tu as abandonné ton Dieu quelque part, renonce à tout et fais le retour imminent pour le trouver. [RAHA]

305. Vous verrez toujours des hypocrites mais ne le soyez pas. [RAHA]

DEUXIEME CHAPITRE. LA FAMILLE ET LE FOYER

1. Une femme heureuse doit avoir un homme et les enfants heureux. [RAHA]

2. La maison voisine ne peut jamais bâtir votre bonheur mais deux personnes en sont responsables. [RAHA]

3. Il est sage de résoudre les problèmes du foyer à deux, la belle famille sera toujours derrière leur enfant. [RAHA]

4. Ne faites jamais l'engagement par contrainte mais par amour et conviction profonde. [RAHA]

5. Il est mille fois sage de rompre les fiançailles lorsque vous remarquez les causes de divorce avant l'engagement. [RAHA]

6. Une maman insensée ne favorise que ses enfants et rejette la vérité. [RAHA]

7. Refuser la logique divine du foyer ne fera que le désordre. [RAHA]

8. Aimer un conjoint sans une considération est un mensonge. [RAHA]

9. Les femmes sont partout mais ma femme est dans mon cœur. [RAHA]

10. L'homme garde dans son cœur, les paroles douces de sa femme, c'est sa joie, il les prononce

au temps favorable pour montrer sa satisfaction. [RAHA]

11. Dieu a créé la femme pour l'homme. [RAHA]

12. Le mariage somptueux ne dit rien si le couple ne sait pas la valeur de l'engagement. [RAHA]

13. Avoir une femme sage dans le foyer est la richesse de la famille. [RAHA]

14. L'homme sage soigne sagement sa femme et lui donne ce qui est nécessaire. [RAHA]

15. Frapper une femme c'est une grosse erreur mais la convaincre prouve la sagesse. [RAHA]

16. Connaitre les idées de sa femme est le commencement d'un bon encadrement. [RAHA]

17. On n'apprivoise pas une femme on vit avec elle comme une amie inséparable. [RAHA]

18. La femme ce n'est pas la beauté mais la bonté. [RAHA]

19. Une jolie femme qui est fidèle à son mari est très sage parce qu'à la perte de sa beauté son mari la verra toujours. [RAHA]

20. Troublez les parents c'est de la blague mais les conséquences sont très amères. [RAHA]

21. Une femme qui révolte ses enfants contre leur père récoltera le double, c'est une vanité et le manque de sagesse. [RAHA]

22. Une jolie femme qui se prostitue est idiote, à la perte de sa beauté tous la fuiront. [RAHA]

23. Ne te vante pas parce qu'une femme riche te marie, ce sera pour une saison et alors tu comprendras l'humiliation. [RAHA]

24. Fais attention dans tous tes engagements avec un homme ou une femme qui est prêt à divorcer pour n'importe quelle bagatelle. [RAHA]

25. Le regard envié envers un sexe opposé ne fait que se nourrir des illusions qu'il faut échapper. [RAHA]

26. Les paroles douces de la femme sont acceptées facilement mais le sage les discerne. [RAHA]

27. La ReineVasti pensait que sa beauté pouvait payer sa désobéissance, mais dans une minute elle perdit sa valeur et devint une exilée. [RAHA]

28. Ne pense pas que sûrement tu récolteras les fruits des devoirs très lourds rendus à ta famille; tout ce que tu fais, Dieu seul te récompensera, la vie est très complexe. [RAHA]

29. Si tu épouses par compassion tu le regretteras, ceci se fait par l'amour mutuel. [RAHA]

30. Aimer une sorcière c'est choisir le diable qui nuira toute ta vie. [RAHA]

31. La famille est chère lorsque tu es cher pour elle, sinon ce serait une vanité. [RAHA]

32. Une femme menteuse est comme une grande sorcière qui détruit sa propre famille. [RAHA]

33. Les divorcés ont honte de déclarer les réelles causes de séparation mais disent les secondaires. [RAHA]

34. Ne forcez pas l'amour, si il est parti, c'est de l'eau en fuite qui s'évade, la solution serait de le garder soigneusement. [RAHA]

35. La joie des mariés serait consistante et longue si le couple découvrait sa valeur. [RAHA]

36. La pirogue qui transporte l'amour dans le foyer ne peut se noyer quand le couple cultive la persévérance, la tolérance, le pardon et les bonnes actions. [RAHA]

37. Une femme infidèle a déjà signé le divorce bien qu'elle soit mariée. [RAHA]

38. Le célibat d'un ancien marié est une expérience à ne pas souhaiter. [RAHA]

39. Ajouter et Divulguer les causes de séparation maritale, ne feront qu'augmenter les souffrances et humiliation, parle à ceux qui vous aideront au lieu d'avilir l'autre partie. [RAHA]

40. Une fille m'a étonné de justifier sa mère et condamner son père alors qu'elle ne savait pas réellement ce qui s'est passé dans la chambre de ses parents... [RAHA]

41. La femme est sacrée, elle se souille en voulant être un homme. [RAHA]

42. La femme est sacrée, elle se souille en montrant ses organes précieux au public. [RAHA]

43. Moïse connaissait que la femme était sacrée, les autres s'en méfient, alors pleuvent les divorces. [RAHA]

44. La femme est liée à son mari, en le déclarant vaillamment à ses fils elle les écarte de la malédiction. [RAHA]

45. L'homme qui ne chérit pas sa femme est ignorant car c'est son don précieux à sauvegarder toute sa vie. [RAHA]

46. Dieu a trouvé un seul cadeau précieux à l'homme c'est la femme [RAHA]

47. Une femme idéale ne meurt pas elle reste dans l'esprit. [RAHA]

48. Une femme infidèle est une moribonde bien qu'elle vit. [RAHA]
49. Une femme qui méprise son mari n'est ni intelligente ni sage parce que elle détruit son avenir et sa gloire. [Sagesse du Dr. RAHA]

50. Les enfants qui enveniment les conflits de leurs parents s'attirent des jugements et des malédictions dans leur vie. [Sagesse du Dr. RAHA]

51. La joie du mariage réside dans la compréhension, la sincère communication, et le respect mutuels. Sagesse du Dr RAHA

52. Le mariage n'est pas un cadeau, c'est un échange de vie et s'il ne répond pas à cette condition il est vide de sens. Sagesse du Dr. RAHA MUGISHO

53. L'enfant qui ne croit pas à la sagesse de ses parents, est considéré comme un fou parce qu'il vit par elle. [RAHA]

54. La femme qui ignore la valeur de son mari se mariera avec son domestique. [RAHA]

55. Dieu a donné l'administration de ce monde à l'homme, il est détruit parce que l'homme l'a cédé à la femme. [RAHA]

56. Dieu a dit que l'homme est la tête de la femme mais aujourd'hui on l'a contredit disant qu'ils sont égaux. [RAHA]

57. Une femme qui accepte les conseils des sages sera toujours heureuse mais celle qui observe le vent et regarde les nuages sera toujours la cause de ses troubles. [RAHA]

58. On ne se marie pas pour satisfaire les caprices des autres mais pour se compléter dans l'amour réciproque. [RAHA]

59. On ne supporte pas un partenaire dans le foyer on le tolère. [RAHA]

60. Un mariage heureux est une source de joie inimaginable. [RAHA]

61. L'union conjugale causée par le désir des biens finit toujours mal, méfiez-vous. [RAHA]

62. Si tu trouves un bon partenaire dans le foyer, garde-le, sans faille c'est un trésor de ta vie. [RAHA]

63. Ne rentre plus dans les erreurs qui t'ont coûtées le divorce sinon tu en auras d'autres. [RAHA]

64. Ne te force pas à t'engager à celui ou celle qui te semble odieux (se) avant le mariage, c'est une bêtise. [RAHA]

65. Tu peux recevoir de grosses sommes pour un engagement obscur, mais tu seras le prisonnier de la conscience. [RAHA]

66. Aimer est différent de désirer, le mariage c'est par l'amour et non le désir. [RAHA]

67. Une fille qui refuse de se marier avec toi, te donne l'occasion de trouver celle qui sera ton cœur. [RAHA]

68. Il y a une différence nette, entre marier une femme et se marier, X a marié sa femme mais Y s'est marié, ayez de la sagesse dans ces deux choix. [RAHA]

69. Celui qui entretient des relations illégales avec le conjoint de l'autre s'attire un jugement. [RAHA]

70. Ne sous-estimez pas la femme de votre père, elle est la mère de vos frères. [RAHA]

71. C'est un danger d'appeler la femme d'autrui chérie parce que le baiser de Judas a existé. [RAHA]

72. Une fille qui est à l'âge n'a pas peur d'affronter même un vieil homme, elle pourrait prendre au sérieux toutes vos blagues, et un jour elle se présentera comme votre fiancée, soyez prudent. [RAHA]

73. Ma femme c'est partout et non seulement dans la chambre, cette reconnaissance est capitale. [RAHA]

74. Beaucoup de foyers sont en lambeaux à cause des étrangers alors que le temps fera qu'ils restent deux dans leur maison. [RAHA]

75. Une femme idéale est celle qui est à côté de toi et pas celle que tu ne connais pas. [RAHA]

76. Si le problème de votre foyer est le ménage, apprends à le faire seul. [RAHA]

77. Avant de l'épouser tu connaissais qu'elle était plus grande que toi, pourquoi tu peux te révolter aujourd'hui? C'est de l'aventure. [RAHA]

78. Si la dot seule suffit pour unir le couple donc le mariage n'aurait plus de sens. [RAHA]

79. Faites tout pour aimer beaucoup votre femme parce que vous passerez beaucoup de temps avec elle qu'une autre personne. [RAHA]

80. Avoir un bon lit et des ornements splendides vous donnera l'envie de rester dans votre chambre. [RAHA]

81. Un ami a agréé qu'avoir Dieu dans son cœur, une femme aimable, une maison admirable, une chambre merveilleuse et un véhicule de votre

choix, alors le bonheur frappera sur votre porte.
[RAHA]

82. Il est inutile de créer une forteresse
pour garder l'amour, mais créer la confiance
réciproque, avec les prières, vous réussirez.
[RAHA]

83. L'enfant qui Se rangeait au côté de sa mère
pour ridiculiser son père n'a pas su la consoler
lors du décès de ce dernier. [RAHA]

84. Laissez votre père diriger son foyer, votre tour
viendra, vous ne l'échapperez-jamais. [RAHA]

85. C'est par manque d'expérience que les uns
s'intercalent dans les querelles du couple car tu
regretteras tes paroles déplacées à l'entente du
couple. [RAHA]

86. Le regard est très significatif dans la
communication secrète des amoureux, faites
attention à tout qui semble gauche. [RAHA]

88. L'argent dépensé pour ta femme n'est pas du
gaspillage c'est une nécessité. [RAHA]

89. Un homme qui ne montre pas ses dents
dans sa maison trompe en le faisant ailleurs.
[RAHA]

90. Si ta famille ne peut profiter de tes biens de
ton vivant quelle autre joie tu pourras t'imaginer.
[RAHA]

91. Le malheur serait le résultat d'une femme qui a honte de présenter son mari. [RAHA]

92. Les femmes s'habituent facilement à une personne qui leur font des éloges et non des remarques. [RAHA]

93. Une amante qui est dans le cœur, sa valeur est inexprimable à son amant, c'est la relativité. [RAHA]

94. Respecte la maman qui vient de mettre au monde cette fillette, qui sait qu'un jour cette petite sera votre épouse? [RAHA]

95. Toutes les Thérèse ne sont pas de Mwahiri, parce qu'il y a qu'une, qui est ma mère, et qui me bénit toujours. [RAHA]

96. Se marier seulement à cause de la prophétie est une bêtise, les aventuriers sont partout. [RAHA]

97. Epouser une personne inconnue vous produira des effets imprévisibles. [RAHA]

98. Une femme vertueuse ne peut pas se cacher. [RAHA]

99. Un conjoint qui accuse faussement son partenaire, le tribunal le suivra partout. [RAHA]

100. Vante ta femme avant qu'un rusé ne le fasse. [RAHA]

TROISIEME CHAPITRE, LA POESIE

1

MON AMI FIDELE

Tu es seul mon ami
Fidèle est ton nom
Tu t'es montré favori
De tous les prénoms
Tu n'es jamais parmi
 Qui me traitent de carton

Intègre est ta démarche
Tu es le même, nuits et jours
Comme je t'ai vu dans la marche
le premier moment et toujours
Je t'aime et je t'aimerai
Tu n'as pas d'égal au séjour

Ton parfum est excellent
Ta silhouette me rafraîchit
Au milieu de la nuit très lent
Tu me parles en ami
Pour me donner du vent
Soufflant comme à midi

A cause de toi, j'ai eu la sagesse
D'oublier tous les autres noms
Qui faisaient souffrir ma conscience
Découvrant que c'étaient inutiles prénoms
Alors j'eus la joie que donne la science
Et je fus satisfait de ton surnom

Oh heureux que je suis
D'avoir un ami puissant
Ta gloire oh fidèle te suit
Ton manteau blanc luisant

Tes yeux brillent et encadrent mon esprit
Tu mérites mon cœur chemin faisant

2

MAMAN TU ES MON MIRACLE

Oh Maman tu es mon miracle
Par toi je comprends les oracles
Maman tu es incomparable
Toutes mes maladies furent curables
Par ton zèle et amour admirable

Maman comment je puis te récompenser
Tes bienfaits me font toujours penser
De ne pas essayer à t'offenser
Maman ta voix me pousse à danser
Sans musique sans tambour à fracasser

Maman tu as été ma meilleure avocate
Tous les jours tu cherchais mes avocats
Jamais tu n'échouais en tout cas
Tu ne sentais pas mes odeurs troublantes
Parce que ton amour pour moi fut très grand

Merci maman la femme glorieuse
Tu es courageuse et vertueuse
Grand caractère et créature pieuse
Rejetant toutes les antivaleurs
En toi je garde tous les vœux

2

SION TA REMINISCENCE

Fille de Sion tu es belle
Ton parfum est superbe
Tes décisions sont idéales
Jéhovah te prépare bonne herbe
Tu as défendu à cœur ses céréales

Qui ose te trahir Sion
Dans le feu et le sang
Judas s'est relevé
Haganah organisa un bon gang
Qui n'avait pas peur d'être enlevé

Fille de Sion j'admire ton courage
Yahvé Sabaoth t'a fait revenir
Il t'a envoyé plusieurs anges
IL a lui sa face pour ton avenir
Qui te fera encore le chantage

Tu disais par la foi pour Jérusalem
Cette année nous sommes esclaves
L'an prochain à Jérusalem
Les commandos de minuit en conclaves
Sacrifiant leur vie pour Salem

L'Irgoun a prouvé sa sagesse
Pendant le mois de Tichri
Le jour de Yom-Kippour en caresse
Le « shoffar » souffla ses cris
Le mur de lamentation eu l'adresse

Fille de Sion tu es convoitée
Toi qui ne pleurais pas seulement

Pour la ville, tu l'as prise en beauté
Tu dois être stable et ton environnement
Fille de Sion je t'admire en toute bonté

3

AMERIQUE LA TERRE D'OPPORTUNITE

Amérique, Amérique, Salut
La bonne terre d'opportunité
En Dieu tu as cru
Disant, en Lui ta prospérité
Tes portes sont ouvertes et pourvues
Donnant mêmes chances sans supériorité

Comment oserai- je te trahir
Amérique quand j'étais affamé
Tu m'as donné à me nourrir
Quand les autres issues fermées

Le shelter toujours près à s'ouvrir

Amérique avec fierté
Tu réunis toutes les nations
Au même titre d'égalité
Vraiment tu as une grande dimension
Que Dieu te fasse une autre générosité

Lincoln, Roosevelt avec sincérité
Firent de grandes figures qui t'inspirent
De garder les valeurs et la liberté
Economiques, Humaines évitant le pire
Amérique demeure dans la prospérité

Que les autres nations apprennent
Le secret d'accéder à la puissance
Ce n'est pas ceux qui discriminent
En excluant les autres avec nuisance
La différence est la richesse certaine

4

RDCONGO UN GRAND ARTISTE

RDCONGO un grand artiste
Tes instruments étant en panne
Tu ne déranges pas tes solistes
Des veillées des prières une a une
Du Lundi au Samedi sur ta liste

Congo tu n'es ni malade ni faible
Tu es seulement dans une longue transition
Tes enfants ont découvert une fable
De créer l'unité dans toute réquisition
Après demain sûrement tu seras aimable

Congo, sache que le hasard
N'existe que pour distraire
Ecoute le conseil d'un maquisard
Place partout tes entrailles pour extraire
Enfin tu seras plus fort que ton marchand

Congo tu es réellement riche
Je te porte à cœur
Pays de mes souches
Mets de côté la peur
Pardonne, travaille ta couche

Je vois de loin tes enfants
Ils viennent de toute extrémité
Apportant talents et science éléphant
Ta lampe allumée pour ta prospérité
Mon Dieu seul te soulevant

Congo n'accuse personne
Choisis la paix et progrès
N'imite jamais parole païenne
Expose ta gentillesse au congrès
Tu as la délivrance certaine

Congo je t'aime
Tu es trop joli
Le pays de miracle
Tu soupires à midi
Le soir tu as tes oracles

5

LA PLUME

LA PLUME EST DEVENUE
UN AMI DE REVELATION.
LES VIVANTS MAINTENUS
POURRONT AVOIR DE RELATION
DUE A CES POEMES ENTRETENUS.

DIEU RESTERA SOUVERAIN
IL DONNE SANS RETENIR
IL NOUS FAIT TOUT TERRAIN
LE CŒUR DOIT CONTENIR
LES APPORTS NON CONTRAINTS

RIEN N'EST IMPOSSIBLE
EN TRAVAILLANT A COEUR
LE POUVOIR DANS TON ASILE

**EST PUISSANT SANS RANCŒUR
ET TOUTE CHOSE DEVIENT FACILE**

**JE NE PERMETTRAI JAMAIS
SOUS ESTIMER UNE PERSONNE
LA CAPACITE POUR TOUT HUMAIN
NUL NE CONNAIT SA COURONNE
LES REALITES CREENT LE SURHUMAIN**

6

IRLANDE

**Irlande comment je pouvais te connaitre
Tu n'étais jamais dans mes plans
Tu ne sais pas ce que j'ai à reconnaitre
Mais tu as la chance d'avoir un élan
Pour avoir accepté un de mien naître
Tu es bénie Irlande**

Oh Terre qui cachait Yvette
Erick, tu le gardais pour le bonheur
Et maintenant je me réjouis de la crevette
La main divine enlève le malheur
A celui qui du cœur ne jette
Les pierres au distingué voyageur

A vrai dire par Yvette
Je bénis L'Eternel
Et par Erick de joie je saute
Irlande je te vois belle
Tu ne sais pas combien tu es élevée
A cause de leur présence naturelle

7

LE DESTIN FEVRIER

Dieu m'a créé un jour,
Il m'a laissé grandir pour
Lui servir nuits et jours
Moïses a terminé son tour
RAHA est pour ses jours.
Le rédempteur est mon secours

Je ne demande pas d'être connu
Par Dieu mon appel est reconnu
Lui qui m'a relayé des inconnus
Mon courage fut tenu
Comme une réalité venue
Prouva une sagesse survenue.

Torturé par les fruits de mes entrailles
Je soupire à cause de l'espoir de mes ailes
Supporté par Dieu malgré les querelles
Etant humain je reconnais mes failles

A tous je demande pardon avant mes funérailles
Le destin n'a pas d'artiste mais la destination m'emballe.

Connaitre et pas ne détermine le capable
Car à un moment la vie est incontrôlable
Mais la valeur de l'or est mesurable
Les vaillants finissent avec le nom d'honorable
Malgré les mauvais titres attribuables
Leurs prouesses les suivent et sont valables

8

Mon avenir
Si mon avenir dépendait de moi
Il serait le meilleur pour soi
J'effacerai constamment le déboire
Ma façon d'être serait dans la gloire
Mais j'aspire à celle du Roi des Rois.

Hier est différent d'aujourd'hui
Portant une lueur qui luit
Mon courage pour vaincre est oui
Je ne cède pas à la souffrance qui me cuit.

Oh mon Dieu je te dis merci
Parce que ta victoire m'est parvenue
L'échec latent n'est pas devenu
Le blocage de toute la vie.

Parce que ta grâce me fréquente
Ta faveur qui me guette est imminente
Mes larmes accompagnent ma sagesse
Les humains en tirent la réjouissance.

9
La trahison
Blâmer mais ne blâmez pas Dieu
Quelque part et de toute manière
Vous êtes responsable dis le vieux
Ecouter la voix divine enlèvera la barrière.

La précipitation pour conférer le bonheur
A subitement détruit le vôtre
Vous croyiez ajouter la valeur
Alors que la réalisation fut contre.

Où sommes-nous aujourd'hui
Chaque disciple vous a fui
Et si la grâce ne fut suffisante
Votre âme ne serait votre assistante.

Prenez courage malgré cette trahison
Les faibles s'en passent de la raison
Mais la vie continue
Et votre âme ne sera jamais nue.

10

HONNEURS
Maman s'appelle maman
Elle est réellement maman
Dans ses mains je pleurais
Malgré tout elle me baisait
Son amour me dépassait
Je suis ravi de l'appeler maman.

Papa s'appelle papa
Il était réellement papa
Je mangeais à la sueur de son front
Il est toujours mon héros

Il m'enseignait à être papa
Aujourd'hui je gagne sur le front.

Dieu s'appelle le père des orphelins
Il est le défenseur des veuves
Qui ne sera un jour orphelin
Ma mère aujourd'hui veuve
Dieu la supporte et la garde
Il excelle en tout pour la sauvegarde.

A cause de Dieu je vis
Ses œuvres me suivent partout
Sa main me fortifie pour ma survie
Je ne suis plus orphelin du tout
Il est mon Père qui me donne la vie
Adorons, adorons, Dieu partout.

Je louerai L'Eternel de ses faveurs et grâces
Son élévation n'a pas suivi mes péchés
Dieu n'a pas de conseillers dans ses grâces
Sinon Il me laisserait à cause des péchés
Je loue de tout mon cœur ma providence
Ta seule voix m'a donné la victoire précise.

11

LE COMBAT DE LA VIE
Tout n'est pas facile
Mais l'autre le veut facile
Je pensais être une blague
Alors que ce fut une vague
Mon maitre me le répétait
Aujourd'hui je me tais.

Vivant dans le toit paternel
Tout fut résolu par le maternel

Animé par de lourds sacrifices
Qui ne sont jamais artifices
Ayant les preuves de l'existence
Finalement je suis adapté à la dance.

Avoir un toit n'est pas un jeu
Ceux qui y arrivent sont peu
De nombreux peinent pour le pain
Des émeutes surviennent pour le lait
Une préparation est imminente
Pour y répondre d'une façon pertinente.

Ne pense pas que tu seras éternellement
Sous le toit d'un compatissant qui ment
Parce que les jours te prouveront la réalité
Et tu seras esclave de ta mentalité
Malgré les œuvres et prestation
La haine naîtra de ta consommation.

12

LA SOURCE DE MA REUSSITE

Que tous connaissent ma source de réussite
Parce que tous mes amis les connaissent vite
Ce n'est ni caché ni très difficile à imaginer
Ma rose devait par son savoir deviner
Que Dieu seul m'a propulsé avec justesse
Mes talents viennent de lui seul avec finesse.

Me mettant dans le désert, la majorité me
sabota
La faveur divine partout me capta
Alors la voix me disait de ne pas me négliger
Le courage revint et j'acceptai la sagesse me
diriger

Accablé par les attaques et les déceptions je pleurais
Dieu seul voyait les larmes que j'essuyais.

En vérité dans mon cœur je gardais l'honnêteté
Faisant tout pour garder la sainteté
J'ai laissé les autres s'amusaient de mon malheur
Mais Dieu me fortifiait parlant dans mon cœur
RAHA ne déconsidère jamais ce qui sort en toi
Donner de la valeur à son produit est la loi.

Enfin de compte vous avez un manuel
Qui des années ne vous sera cruel
Mais vous montrera la main de Dieu
Qui élève et pardonne sous des yeux
Il ne demande conseil à personne
Il affermit avec une grâce certaine.

13

LA VRAIE RICHESSE

Le monde cherche avec force la richesse
Rares sont ceux qui veulent la sagesse
Pourtant, le possesseur est riche
Comme l'eau dans la cruche

L'homme qui embrasse la justesse
IL s'habille toujours la sagesse
Tous le trouvent honnête
Gardant toujours les préceptes.

Les voies de Dieu sont ses conseillers
Nuits et jours il soupire les meilleurs
A donner à ses semblables

Sachant qu'il est étranger raisonnable.

Ce contenu est réellement sa richesse
Car la vraie richesse est la sagesse
S'écartant de Dieu, la folie est présentée
Présentant la vraie face de la pauvreté

14

Mon enfant

Oh je pensais que c'était mon enfant
Ceci fut l'erreur qui m'est arrivé
De raisonner en me privilégiant
Or mon enfant était déjà arrivé

Chemin faisant, hanté par la faim
Il me regardant comme un néant
Alors je vis que tout était fait
Tolérance zéro à tout vivant

Mes larmes ne signifiaient rien
Sinon la honte devait m'encadrer
Me faisant flotter comme un vaurien
Alors la grâce vint pour m'engendrer.

L'enfant conscient m'appela
De loin pour me reposer
Et le Dieu de RAHA
Ne tardera à bénir et concrétiser.

Alain et Aluwa comme une louange
Le ciel et la terre apprécient vos actes
La providence a envoyé ses anges
Pour fortifier le saint et divin pacte.

Le fils de l'homme viendra dans sa gloire
Vous approchera sur son trône de gloire
Dans sa bouche il vous fera une heureuse
Surprise, et vous dira bénis, par voix joyeuse.

15

LA VIE N'EST PAS ROSE

La vie n'est pas rose
Elle est très complexe
Le sage de la vie ose
Se tenir droit et perplexe

Il la traite toujours avec rigueur
Voyant comment les autres souffrent.
Son travail se fait avec vigueur
Pour éviter de se trouver dans le gouffre.

Rire et pleurer animent sa cadence
Connaitre ceci ne change rien
Mais te montre avec intelligence
La réalité qui te rend vaurien

Aimer et détester nous surprennent
Alors que l'unité est la préférence
Le succès et la crise nous prennent
Ainsi ses aspects nous font de référence

Se jeter vers Dieu est la science
Supérieure et excellente
Lui étant le créateur de la conscience
Le seul omniscient et omnipotent.

16

LE MARIAGE

Le mariage est un beau cadeau
Ne se comparant à un autre présent
Ses actions coulent comme de l'eau
L'amoureux court tout en pressant

La suite l'enseigne petit à petit
Que son cœur n'est pas tout
Les éléments vitaux de l'appétit
Arrivent avec compréhension partout.

La guerre est un faux prophète
Les années te le prouveront sûrement
Car la complémentarité se veut nette
Pour amortir les bagages des sentiments.

La beauté sans bonté est inutile
Mais la loyauté et l'affection se veulent
Pour traiter tous les bruits utiles
Et se contenter toujours avec zèle.

17

LA COLERE

Oh colère je me moque de toi
Tu ne sais ni parents ni ami
Colère tu n´as pas une bonne voie
Tu ne veux jamais être affermie

Combien des maisons tu as brulées
Et le tribunal t´a mis en prison
Et tu es toujours roulée
Malgré les terribles frissons

Loin de moi la colère
Tu n´as jamais aidé personne
Tu es une vilaine vipère
Qui ne réserve aucune couronne

Méchanceté, Insultes sont tes amis
Mauvais conseillers qui perdent
Qui tuent, détruisent comme les fourmis
Les sages discernent et ne te gardent

18

RICHESSE II

Richesse tu n'es pas la sécurité
Tu n'es pas l'assurance
Si pas serviteur tu es vanité
Richesse tu es une circonstance

Richesse tu fais souffrir tes ouvriers
Mais tu es une bénédiction à tes maîtres
Tes anéantis toujours tes ouvriers
Tu élèves sans condition tes maîtres

Tes ouvriers n'ont ni appétit
N'ont ni joie et sommeil
Ils se montrent petits
De comportement de l'écureuil

Tes maitres adorent L'Eternel
Se réjouissent et témoignent
La providence et la vie éternelle
En gardant la ceinture qu'ils ceignent

Leur Dieu est leur sécurité
IL est aussi leur assurance
Ils se reposent avec acuité
Parce que Dieu n'a pas de variance

18

LE MARIAGE EST UN ECHANGE

Le mariage est un échange
Il n'est rien si ce n'est pas un partage
Ma mère essayait de me l'expliquer mais l'âge
N'était pas approprié pour prendre l'avantage

Comment tu peux prétendre t'engager
Sans un moment de fiançailles à gage
Tu te retrouveras en fin dans une cage
L'échec te frappera dans ton voyage

Mon échec souvent me maltraite
Parce que l'un de nous devait être traître
Oubliant toutes nos activités d'extraire
Joie attendue arriva à se taire

Le mariage est un échange capital
Excluant tout qui se passe pour rival
Les faiblesses de l'autre ne doivent être un aval
Pour sacrifier l'avenir d'un puissant festival

Oh idéologie qui chasse ton partenaire
Tu n'es pas un bon entraineur
Tu as besoin d'un bon encadreur
Et le mariage facilement atteindra le cinquantenaire

Rhema-SEI Je t'aime

Oh, majestueux, Rhema-SEI je t'aime
Toute ma vie tu as vu mes œuvres
A tes enfants j'ai partagé mon âme
Nuits et jours tu remarquas la vérité de mes lèvres

Rhema-SEI tu as beaucoup de disciples
Eparpillés dans le monde pour luire
Kitumaini tu es pris comme cible
VITUYE en toi sut produire

Rhema-SEI tu as un puissant Dieu
Je le servirai dans toute ma vie
J'étais jeune et aujourd'hui vieux
Il est toujours le même pour ma survie

Ecoute Rhema-SEI ma déclaration
Mes erreurs n'ont rien changé de son amour
Il ne se repentira jamais de son élection
Mes péchés sont ignorés et invisibles partout

Rhema-SEI, je pense en toi
Dans mes prières quotidiennes je te récite
Et j'adorerai ton Dieu mon roi des rois
Il est le garant de mon tout je le cite.

20

LE VOYAGE

Voyage tu es très fatigant
Tu n'as pas de favorisés mais des surprises
Les non voyageurs de fois ignorant
Le prenant comme une bonne entreprise

Dans l'avion la danse arrive soudain
Immédiatement on est prisonnier à ceintures attachées
L'hôtesse prononce le mot turbulence hautaine
La joie du voyage du coup est arrachée

Dans le train marchant sur les rails
Le capitaine crie au secours du vent
Parce que sa machine déraille.
Le voyageur se trouve dans l'aventure imprévisible souvent

Le voyageur devient comme en moitié mort
Ne connaissant pas ce qui lui arrivera
Avant qu'il n'atteigne le port
IL cache sa peur et son être criera

Le voyage au fait est arrogant
De fois humiliant et agressif
L'immigration, avec autorité interrogeant
Cherchant les actifs et les passifs

Mon Dieu, je souhaiterais rester à la maison
Mais les obligations me contraignent
De patienter, de souffrir comme en prison
Mais la finalité est quand mes organes t'atteignent

21

LA JUSTICE

Je ne crois pas qu'il y en a une
On proclame de ne pas tuer
Mais on tue quand même les uns
Les autres sont seulement à huer

Pourquoi tuer les poules et les chèvres
Mais interdiction aux chats et aux chiens
Les vaches et les éléphants sont tués comme une bonne
œuvre
Donc la justice prend les victimes comme des vauriens

Aller dans la forêt où se cachent les félins
Ils n'ont ni lois ni pitié
Les humains au lieu de les punir prennent leur venin
Et entrent ainsi dans une féroce amitié

Pourquoi tuer c'est un grand échec
Corriger vous fera devenir très sage
Les morts partent avec
Toutes les occasions à réparer dans leur passage

La justice serait de se mettre en ordre
D'être prudent sans attendre le magistrat
Ne connaissant pas ce que sa vision cadre
La vraie justice revient à Dieu qui a un parfait contrat

22

SOUFFRIR POUR RIEN NON

Voisin tu ne me feras plus souffrir
Je t'ai déjà discerné
Avant que mes rêves arrivent à s'ouvrir
La lumière de mon destin s'est dessinée

Voisin, plus d'intimidation
Je te donnais les mérites
Dont tu devais pour approbation
Tu profitas de ma motivation

Fini le temps d'esclavage
La vérité m'a affranchi
Tes frustrations connaissent un lavage
Tes manœuvres ne seront jamais blanchies

Ensemble nous étions pour tout maquisard
Alors que tu faisais le malin
Arrête tu ne profiteras pas du hasard
Tes opérations sont arrivées à la fin

23

L'origine de la bombe

Homme, voici le produit de la peur
Tes découvertes surprennent le cœur
Parce que la crainte de tes ennemis
Engendre la fabrication d'une arme affermie

Homme tu es devenu dangereux
A cause de l'incertitude périlleuse
Tu fabriques toujours des munitions
Pour détruire tes semblables en punition

Les conséquences deviennent incalculables
Les vies sont en péril et incontournables
La peur de l'homme provoque partout les morts
L'arsenal devient le mode de vie comme sort

A qui profitent ces interférences
Qui ne laissent pas de référence
Les victimes ne reviendront plus
Alors que le monde voudrait le surplus

24

L'homme heureux

Je l'ai cherché avec précision
Il m'était difficile dans ma transition
Car les riches et les pauvres se lamentaient
Alors mes recherches me promettaient
D'aller jusqu'au bout pour la confirmation

Curieusement je venais de remarquer
Que mêmes le religieux échappe de vaquer
Aux paroles puissantes de son maître
Ainsi il devint un traître
Car il était censé ne pas l'être

L'insatisfaction était dans toute couche
Mais avec une grande joie je trouvai une bouche
Qui chantait après avoir mangé sa proie
C'était un homme d'une petite taille à basse voix
Qui possède partout sur les gibiers des droits

Cet homme s'appelle pygmée
Il n'a pas besoin de nos désirs à sa portée
Sa nourriture est sa joie et sa satisfaction
Les habits et les modes pour lui c'est une distraction
Homme heureux, nourris le, tu trouveras la confirmation

25

L'AIR EST UNE GRACE DIVINE

Il est très important de reconnaitre
Que toute personne avant de naitre
Elle a un acquis non conditionné
Et partout ce principe fonctionne

L'air est un don pour toutes les tribus
En Europe et aux Etats unis dans les bus
A la douane et au service des impôts
Personne ne te dérangera tard ou tôt

L'imitation se fait dans tout le monde
Et c'est devenu favorable sur toutes les ondes
Payer de l'eau et diverses éventualités
Croyez moi ceci devient ainsi une actualité

Rare sont ceux qui sont reconnaissant
Et trouvent qu'en se taisant
Ils n'ont pas de devoir à accomplir
Alors que devant Dieu ils lui doivent merci

Pour l'air combien nous paierions
Et où exactement nous l'achèterions
L'air nous suit même dans les lieux dangereux
Dieu qui nous l'a garanti reste glorieux

26

L'INFLUENCE DE LA COULEUR

La perfection ne dépend pas de la couleur
Les hommes ne sont pas des couleuvres
L'organisation est un bon dirigeant
Elle est accessible à tous les brillants

Les brillants sont ceux qui brillent
Dans les recherches et la lecture ils excellent
Noirs, Blancs, Jaunes et Rouges sont admissibles
Pour la réussite et ils deviendront crédibles

Par curiosité entrez dans le train et dans l'avion
Vous verrez ceux qui lisent et les autres cherchent distraction
Comment pouvons-nous avoir les mêmes bagages
Comme nos prestations n'auront pas d'égal partage

Si vous ne connaissez pas votre destination
Peu importe votre divination.
Un bon plan, et des objectifs clairs
Vous arriverez un jour et dans la paix

27

LE REFUGE

C'est triste de ne pas connaitre le secret
C'est comme celui qui ignore le décret
Ecoutez le conseil du sage
Tu ne seras pas fracturé à l'atterrissage

Le refuge n'est pas chez ton père
Ni aussi chez les personnes chères
Vous devez vous adapter à toute situation
Pour éviter toutes les déceptions

Les parents et amis peuvent vous ignorer
Les amis et connaissances peuvent mal vous décorer
Tout ce que vous envisage comme réconfort
Peuvent-en un rien de temps manquer le renfort

Si vous ne savez pas dépendre du tout puissant
Le créateur du ciel et la terre qui domine sur Satan
Vous n'avez pas un refuge certain
Malgré tout ce que vous espérez aux hautains

28

L'ECHEC

Qui n'a jamais connu un échec
Avant que les drames viennent avec
L'expérience recherchée, je vous assure
Que l'échec est la voie qui est sûre
D'arriver à la perfection pour profiter des chèques

Les savants ne se découragent jamais
Ils répètent sans cesse mais
Ils ne perdent pas l'espoir
Ayant toujours la réussite dans le miroir
Ils contrôlent les émotions pour valoir

Un fainéant peut se moquer d'un ignorant
Tandis qu'un bon chercheur en encourageant
Les autres il prouve sa valeur et sa dignité
Les vantards, leurs actions ne sont que vanité
Parce que de loin ils ne voient pas toutes les extrémités

Perdre un combat n'est pas perdre la guerre
La répétition est pour la science une mère
L'échec est la préparation d'un élève
Comme Martin Luther et son rêve
Donne une bonne leçon et preuve

29

LA CREATION

Qui sans honte peut te refuser
Toi seul tu fais l'action de diffuser
Tes œuvres et tes réalités
Alors que c'est une grande complexité

Création dis moi comment et pourquoi
Tu as des précisions et immuables lois
Nous avec notre technologie
Nous avons les erreurs en nostalgie

Arrêtez de dire qu'il n'y a pas de créateur
Parce que tu évites d'être un adorateur
Et pourtant tu adores sans le savoir
Les bienfaits de son pouvoir

Comment la création sans créateur
Ici le syllogisme manque à l'orateur
Ayant seulement la rhétorique
Manquant complètement la logique

On dirait que tu es jaloux
De celui qui est le possesseur de tout
Tu ne tairas jamais son nom
Il est Dieu et ne changera pas son prénom

30

LE BON LEADER

Leader au fond c'est quoi
Parce qu'il n'est seulement le roi
Il est un homme ou une femme
Qui a une direction ferme

Le bon leader ne dort pas comme
Celui qui pense uniquement à la somme
Cherchant la satisfaction et le bonheur
De ceux qui ont perdu leur valeur

Ce n'est pas un chercheur des aventures
Nuits et jours il songe à la cure
Il est combattu dans ses actions
mais ne retourne pas à ses bonnes décisions

Sa nourriture ne signifie rien
Il veut le partage même aux vauriens
Sachant que tout a le droit de vivre
Evitant tout qui pourra le faire ivre.

Voici un homme qui est qualifié
A prendre la responsabilité intensifiée
Des besognes inhérentes de la société
Et sa présence fera fuir la pauvreté

31

DESOLE TU NE M'AS JAMAIS CONNU

J'étais sérieux dans l'engagement
Mais il m'a fallu d'impossibles entrainements
Tu ne veux pas chercher mon genre de vie
Mes instincts ne voient pas seulement le lit
 Avec la tranquillité et la confiance je serais affranchi

Désolé mes amis je ne puis rien sur vous
La liberté est égale pour vous et pour nous
D'apprécier le partenaire de son choix
 Le bonheur et le salut sont nos droits
Plus de raison à l'erreur de gauche ou de droite

Si je ne me rappelle pas du passé
Je serai de nouveau chassé
Cette fois ce serait pour me taire
Et attendre le juste juge faire
Sa déclaration pour me convaincre

Si tu me connaissais tu aurais assurément
La volonté de le prouver dans le comportement
Digne et modèle qui doit être acceptable
Aux gents de toutes langues et viables
Me basant sur les concepts respectables

M'apprivoiser je ne le refuse
Mais je hais les temps qui m'accusent
Des choses que j'avais dépassées
Alors ma tête devrait être cassée
Bien que je ne doit pas être tracassé

32

L'HOMME EST LE PRODUIT DES AUTRES

Quelqu'un le devient par quelqu'un
Qui veut le contester dans tout moment opportun
Nous sommes apportés sur cette terre par les parents
Ils ont pris tous nos soins étant très influents
Notre protection fut leur devoir atténuant

Beaucoup ont de potentialités énormes
Mais ils attendent continuellement les normes
De la nature pour avoir un bienfaiteur
Qui sans hésitation deviendra le porteur
De la bénédiction avec avis prometteur

Par des failles ne privez pas à manger
Celui que vous pensez vous avoir dérangé
Le monde tourne autour du Soleil
Sans complaisance vous le verrez avec votre œil
Que la situation inacceptable vous sera pareille

Chacun de nous a besoin d'un homme
Qui l'aidera à traverser comme
Les premiers qui nous ont devancés
Le cycle revient comme une dance
Dans toutes les circonstances

33

LA DIFFERENCE D'HIER ET AUJOURD'HUI

Hier et aujourd'hui sont différents
Surtout par les informations affluentes
Et aussi le climat qui s'improvise
Alors les événements nous avisent
Que chaque jour son trou, il le creuse

Les dates changent dans le calendrier
Les naissances apparaissent sans prier
Les morts sont enterrés chacun son jour
Pour montrer qu' hier avait son tour
Et aujourd'hui nous savons l'action de la cour

Hier est passé et ne reviendra jamais
Aujourd'hui nous buvons du lait
Et corriger les erreurs d'hier
Une autre occasion de prier
Louer, adorer, et le mal replié

Demain ne sera ni l'un ni l'autre
Vu son caractère qui est contre
Toute visibilité et prévisibilité
Dieu seul connait son entité
Nous connaissons en partialité

34
LA GLOIRE DE L'HOMME EST GEOGRAPHIQUE

Mike avait réellement raison
Qui peut se déplacer avec sa maison
Il est vrai tu as le même bagage intérieur
Etant invisible tu es considéré inferieur
Et pourtant dans ta ville tu es supérieur

La gloire de l'homme est géographique
Et ceci n'est pas microscopique
Un chef politique ensemble à un aéroport
On lui exigeant avant le transport
Les bagatelles de tout sort

Ne vous fâchez pas quand vous n'êtes pas considéré
La loi de la nature est difficile à gérer
Comprendre sinon tu te feras du mal
Dans l'environnement occidental
Les éventualités sont orientales

Le vrai homme est celui qui est intérieur
Vous l'ignorez en l'identifiant de l'extérieur
Mike et moi étions à Leeds des inconnus
Pourtant de loin Mush nous a reconnus
Il fut un voyage très long et il nous salut

Vous verrez encore que Mike a raison
Bien que la valeur de l'homme a des sons
Les mêmes hommes doivent l'estimer
C'est leur droit de la confirmer
Préserver la pour enfin l'affirmer

Chaque crocodile a sa station
Les Africains ont cette déclaration
Dans un clin d'œil si j'arrive à mon territoire
Petits et grands me suivent dans l'auditoire
Les applaudissements ne sont plus accessoires

35

MA CONDAMNATION

J'ai déjà compris
Ma condamnation est prise
Une sentence à mort par défaut
Ma défense est tombée dans l'eau
L'accusé étant juge dans sa peau

La mort physique ne me fait pas peur
Ayant l'assurance du salut du cœur
Je ne crois pas à cette sentence
Et La mort tremble à la présence
De mon protecteur omniprésent

Mon âme crie cherchant l'affection
Mais les juges ont causé la défection
Mshindi j'ai besoin de ton avis favorable
Afin que je puisse vivre capable

De supporter les humiliations coupables

Princesse et Utukufu, vous êtes mes témoins
Vous qui reconnaissez que de Dieu je fus oint
Personne ne veut comprendra votre témoignage
Sauf le temps qui se passe de tout âge
L'orgueil de l'homme aura sa charge

Ne vous vantez pas mes accusateurs
Comme la terre est soumise à la pesanteur
La lumière arrivera à son temps
Et rien n'empêchera le printemps
De régner à sa saison paisiblement

Malgré ma condamnation
Et toutes les sommations
Je demande à mes accusateurs
De ne pas me priver la faveur
De ne pas calciner mon cœur

36

LE VIDE ME TROUBLE

Je ne veux pas ce vide
Quoique mon être est avide
Le confort seulement en méditation
L'Etoile du matin comblant mon attention
Ainsi se dissipent toutes cruelles sensations

Savez-vous combien est ma souffrance
Vous qui par tradition restez dans la mouvance
Bien que la maitresse sans pitié déclara
Cette vie imposée tu ne la maitriseras
Trouve une autre tu te stabiliseras

Le vide est un ingrédient qui dérange
Nul remède dans le marché ne l'arrange
L'homme ne doit pas seul vivre
Dieu le recommande pour survivre
Utilisant toute légalité à poursuivre

Vous ne pouvez jamais fuir ce vide
A moins qu'Emmanuel le fasse vite
Et balaie tous les éléments dangereux
Chassa les lacunes et idées houleuses
Qui au fait sont les tourments douloureux

37

SPECIAL SCANDALE EN IRLANDE

Ce que je voyais fut univoque
Alors j'ai trouvé une remarque
De dix femmes six grossesses
Trois parmi elles ne cessent
De trainer les enfants sans bassesse

Depuis Dublin à Navan c'est l'histoire
Les hommes aussi ont des réquisitoires
D'aider les femmes à tenir les enfants
Une compétition de naissance attirante
Finalement la cause sans blague m'arriva

Le pays l'encourage avec beaucoup de motivation
Plus d'enfants et plus de rémunération
Population est le produit de la démographie
Le pays a besoin d'une sérieuse calligraphie
Ce sont les enfants qui demain seront qualifiés

38

LE TRESOR DANS MON CŒUR

Je ne puis pour longtemps le cacher
Le trésor réservé dans mon cœur
J'ai envie de l'exposer pour le toucher
A quiconque citera les chansons du chœur

Qui est finalement le propriétaire
Si ce n'est pas toi qui m'encadre
De tes mots que nul ne peut taire
Ne te trouvant dans aucun cadre

Je promets de te donner la lune
Et la lumière du grand Soleil
Sans oublier la douceur de la prune
A toi sans vergogne il sera pareil

Mes solitudes seront brisées
La vérité de ma théorie visible
Dans les promenades isolées
Accompagnés d'amour lisible

39

LA PAIX ET LA SECURITE

Je t'assure la paix en me donnant ma sécurité
Je te donne mon temps procure mon salaire
Nous ne sommes pas venus plaire la société
Mais de faire un échange totalitaire

Personne n'aide l'autre
Nous sommes régis par un contrat
Pas de raison d'être à l'encontre
De sécurité sinon viendra le magistrat

Ta paix dépendra de toutes les sécurités
Sécurité alimentaire, Santé et logement
Je travaille pour cette finalité
Patron prends-y soin complètement

Travailler n'est pas être esclave
Si tu ne veux ne pas travailler refuse de manger
Le progrès est le savon qui lave
Tous les linges sales mal rangés

Donc nous sommes tous travailleurs
Employeur et Employé chacun son rôle
Pour ta paix ne sois pas comme le mauvais tailleur
Sinon la grève touchera tes tôles

40

LA VICTOIRE CONTESTEE

C'est une grande honte
Pour un homme responsable
De tricher, soyons honnête
Sans quoi on verra partout des incapables

Je ne sentirai aucune joie
De porter un titre sans mérite
C'est un mal en soit
Qui ne réponde pas aux rites

C'est un exercice scandalisant
Qui se cache dans les aventuriers
Montrant des actes séduisants
Provocant des œuvres meurtrières

Voici un Docteur de ce genre
Ayant bistouri et les médicaments
Qui se précipite et entre dans la salle
Pour finalement provoquer des hurlements

Il faut mériter le diplôme
La gloire sans mérite est dangereuse
Parce que la prison deviendra ton home
Pour tes prétentions cruellement ambitieuses

41

L'ERREUR NE REGARDE PAS L'AGE

Ne soyez pas très pressé
Prends tout ton temps à réfléchir
Si tu ne souviens pas du passé
Les sages disent que sans fléchir
Tu revivras les problèmes laissés

Pourquoi cette vitesse vertigineuse
Qui te pousse à courir
Tes prédécesseurs ont eu la vie soigneuse
Grâce aux années qu'ils devaient parcourir
En observant les principes avantageux

Ne nous dis pas comme Lucifer
Qui était pressé à détrôner Dieu
Sa place subitement devint l'enfer
Seule l'expérience dit l'adage des vieux
Rend sage et nous renforce comme le fer

L'erreur ne regarde pas l'âge
Elle est arrogante et rapide
La patience, la fidélité, sont bonnes pages
Nous conduisant aux réactions non cupides
Souffre mon ami pour être sage

42

SUZETTE JE TE DOIS MA DIGNITE

Eu égard à tout ce tralala
Tu m'as trouvé dans le filet
Ta présence découvrit cela
Etant une ruse montée et nette

Ta rapidité spontanée me couvrit
Sacrifiant ton avenir pour ma dignité
Mon actrice voulant me faire souffrir
Présentant l'évangile à la caisse avec acuité

Pratiquement la gérante fut perplexe
Et se demandant qui paiera sa chambre
L'invité trouva une attaque complexe
Heureuse Suzette qui enleva les cendres

Tu as sauvé ma dignité
Bien que tes projets sont troublés
Tu ne manqueras ta part dans ton identité
Nous partagerons un jour les blés.

43

TOUT PEUT ARRIVER

Le monde n'est pas le vôtre
Il est pour les uns aujourd'hui
Et demain pour les autres
Il est comme la balle qui suit
Une indescriptible trajectoire
Balançant les différents joueurs
Faisant tomber pour la victoire
Et curieusement échec aux meilleurs

Les jours, les mois et les années
Devaient nous enseigner
Que personne même les ainés
Doivent éternellement régner
J'ai été dans une consternation
De voir un président qui devait gagner
Sans chemise et dans l'humiliation
Tout à coup je commençais à pleurer

La vie est semblable à une rivière
Qui ne sait ce qu'elle rencontra dans son passage
Elle part sans regarder derrière
Ainsi tout homme passe par un voyage
Tantôt confortable tantôt meurtrier
Moi en ce moment j'ai besoin d'un ange
Qui me dira comment cet aventurier
Me laissera quitter dans la poussière

Tout peut t'arriver
Tu n'es pas exceptionnel
Dieu seul va nous sauver
De ce monde rempli de criminels
Nous avons besoin de lui pour nous raviver
Nous protéger de toutes les mines
Si vous acceptez et vous le suivez
Il aura pour vous et pour moi une bonne mine

44

L'ANNIVERSAIRE

Un bon anniversaire pour toi ma bienaimée

Je voulais être le premier à te souhaiter un meilleur anniversaire

Ceci parce que je connais les différentes saisons que tu as passées.

Haut et bas mais tu n'as jamais défailli
Malgré les tourments et les ennuis tu as enduré

Dieu fut ton instrument de support jours et nuits.

Dans les épreuves tu as renforcé tes mains

Le peu que tu récoltais par les larmes et fatigue

Tu partageais avec les personnes que tu connaissais et que tu ne connaissais pas

Ceci montre ton caractère fort et de la puissance.

La puissance à l'intérieur et à l'extérieur

Beaucoup prétendent te connaitre mais ils ne te connaissent pas.

Ils connaissent ton ombre mais pas toi

C'est un point que tu as triomphé avec courage

Heureux anniversaire ma bien aimée

Tu as toujours été le rappel de la vision céleste

Le pont pour le bonheur de plusieurs.

La déception ne t'a pas changée

Mais tu as pris la foi et oublier le passé

Félicitation je ne t'oublierai jamais

Bien qu'éloignés, l'une et l'autre nous avons une histoire

Et une bonne nouvelle, Faveur du Bonheur

Ce que tu ressentais jadis tu l'as gardé

Comment trahir pour s'avilir

Tu as accepté de souffrir pour donner la vie

Maintenant arrive mon tour, et je loue Dieu

Parce que je découvrirai enfin sa bonté

Heureux anniversaire la mère de mon bébé

Une femme forte, grand caractère, la lune de tes parents.

Sois heureuse ce jour de ta naissance, le jour que je fus chassé par celle qui devait me protéger

Chassé comme un chien, mais tu m'as donné un traitement humain

Merci, Merci, Merci

Gloire à Dieu le Soleil brillera encore

45

L'AMOUR C'EST LA VIE

L'amour est dans les actions et non dans les paroles

L'amour n'est ce que vous voyez mais elle parle à haute voix

L'amour n'est pas seulement ce que vous pensez mais ce que vous faites

L'amour n'est pas un rêve mais une réalité.

L'amour n'est pas un mystère mais des réactions visibles

L'amour doit être partagée et pas égoïste

L'amour cherche l'intérêt de l'autre

L'amour amène la joie dans la tristesse

L'amour est capital partout

L'amour est toujours une solution

L'amour est une lumière vivante dans le cœur, esprit et âme.

L'amour est incomparable, vous en avez besoin

L'amour est un remède sans médicament

L'amour n'est pas le désir de la chair

L'amour est le Cœur parlant sincérité

L'amour n'est pas la volupté mais un cadeau précieux

L'amour ne porte pas la mort mais il produit la vie

L'amour est une réponse fondamentale du besoin intérieur

L'amour remplit la coupe de satisfaction

L'amour est un conteneur de bonnes surprises

L'amour ne regarde pas les erreurs mais la réparation

L'amour ne compte pas le nombre des fautes

L'amour est nouveau chaque jour et oublie le passé

L'amour amène l'espoir même dans le désert

L'amour est la vie et l'espoir

L'amour donne toujours une autre opportunité

La foi ne peut jamais remplacer l'amour

L'espoir ne peut jamais remplacer l'amour

La corruption ne peut jamais remplacer l'amour

Dieu est amour

JE VOUS AIME